W0252650

Schirner
Verlag

Dieses Buch soll dir Anregungen geben und dich auf Entdeckungstour schicken. Finde dich selbst wieder, und folge deinen eigenen Lebenszeichen – immer geradeaus zu den Sternen. Kein Weg ist zu weit für dich, wenn es dein eigener ist. Dabei kannst du die Regeln auch ruhig ein bisschen ändern. Schau einmal wieder in den funkelnden Himmel, stell dich in den Regen, und verzaubere deinen Liebsten mit einem Liebestrank. Sei wachsam, erkenne alle Veränderungen, und nutze deine Chancen. Denn nichts ist so attraktiv wie Selbstvertrauen und Erfolg.

Die Künstlerin Monja Klein, Jahrgang 1968, studierte Grafik-Design mit den Schwerpunkten freie Grafik und Illustration an der FH Hildesheim. Nach Abschluss des Studiums und einigen Jahren in der Welt der Werbung widmet sich Monja Klein nun ganz der Malerei und Illustration. Sie gestaltet u.a. Illustrationen für die Zeitschrift Brigitte, Schulbuchcover und farbenprächtige Bilder für diverse Theaterplakate. Sie ist Preisträgerin eines Kunstwettbewerbs der Zeitschrift Art. (www.monjaklein.de)

Monja Klein

„Finde deine Lebenszeichen“

Wenn du dich traust, dich auf den Weg zu machen

Schirner Verlag

ISBN 978-3-89767-322-9

Copyright © Schirner Verlag, Darmstadt
Erste Auflage 2007

Alle Rechte vorbehalten.

Umschlag, Illustration und Satz: Monja Klein
Redaktion: Kirsten Glück

Printed and bound in China by Imago

www.schirner.com

Inhaltsangabe

Die Lebenszeichen-Karten

Wie du mit den Karten umgehen kannst

Die Karten können dir in bestimmten Lebenssituationen die Richtung weisen. Vielleicht suchst du nach einer Veränderung oder brauchst Antwort auf eine Frage; dann kannst du die Karten zu Hilfe nehmen.
Am besten du nimmst dir ein bisschen Zeit, dich auf die Karten einzulassen. Setz dich bequem hin, atme durch, versuche dich zu entspannen und den Alltag für einen kurzen Moment auszuschalten. Schaffe dir eine angenehme Atmosphäre – vielleicht hilft es dir, eine Kerze anzuzünden. Öffne dein Herz, und die richtige Karte wird sich dir zeigen.

Eine Karte ziehen:
Wie sieht deine aktuelle Situation aus?

Formuliere deine Frage, und sprich sie laut oder in Gedanken aus. Dann mische die Karten, breite sie fächerförmig mit dem Rücken nach oben vor dir aus, und ziehe intuitiv eine Karte. Lass dich dabei von deiner inneren Stimme führen. Du kannst natürlich auch einfach eine Karte aus dem Kartenstapel ziehen.
Wenn du ein Lebenszeichen gezogen hast, kannst du das Bild und die Botschaft erst einmal auf dich wirken lassen. Anschließend kannst du dann für eine genauere Erklärung das Buch aufschlagen und die Bedeutung deines momentanen Lebenszeichens nachlesen.

Drei Karten ziehen:
Vergangenheit, Gegenwart, Zukunft

In Gedanken hast du deine Frage formuliert. Dann ziehst du aus dem ausgebreiteten Kartensatz – oder auch wieder aus dem Kartenstapel – drei Lebenszeichen-Karten, zu denen du dich spontan hingezogen fühlst, die dich anlachen. Lege alle drei Karten mit dem Gesicht nach unten nebeneinander aus, und drehe sie nacheinander um.
Die erste Karte, auf dem Platz links, steht für deine Vergangenheit. Gibt es dort vielleicht noch Dinge, die du beachten solltest? Diese Karte kann dir zeigen, ob du dort noch etwas zu klären hast.
Die zweite Karte, auf dem Platz in der Mitte, steht für die Gegenwart, deine aktuelle Lebenssituation. Was regiert hier gerade deine Welt?
Die dritte Karte, auf dem Platz rechts, zeigt dir das Lebenszeichen deiner Zukunft, wohin deine Reise gehen kann, wie du dich möglicherweise entwickelst.

Falls du die Botschaft deiner gezogenen Lebenszeichen-Karten nicht gleich verstehen solltest, dann lass sie einfach eine Weile auf dich wirken. Blicke in dich hinein, und der Sinn wird sich dir offenbaren.

„Der Weg“

... Es raubt mir den Atem und zeigt mir den Weg. Was mich aus der Bahn geworfen hat, hat mich schon oft auf den richtigen Weg gebracht ...
Das ist dein Aufbruch in fremde Welten. Steh auf, und suche deine Spuren in die Zukunft, bevor die Zeit sie verwischt. Sei bereit, dich für dein Leben und deinen Weg verantwortlich zu fühlen. Du gibst die Richtung vor, bist nicht ferngesteuert. Blicke voller Zuversicht nach vorn. Trau dich einfach zu gehen, ohne vorher alle möglichen Gefahren zu analysieren. Sei mutig. Wage dich auf den Weg, der versteckt zwischen deinen Gedanken aufschimmert. Versuche es einfach, denn du kannst nur gewinnen. Geh deinen Weg zu den Sternen.

„Mach dich auf den Weg ...“

... aber ergreif nicht die Flucht, sondern suche aus den vielen verlockenden Möglichkeiten für dich die richtige aus – diejenige, die stimmig ist, durch die du Neues erfahren kannst. Dein Ziel ist es, Erfahrungen zu sammeln und ein Stück mehr von dir selbst kennenzulernen.

Vielleicht ist es auch nötig, dass du einmal einen ganz anderen Weg einschlägst, damit du deine Pfade aus der Distanz und mit anderen Augen betrachten kannst. Wer weiß, welchen geheimnisvollen Weg du entdeckst? Du darfst gespannt sein.

„Gehe Wege, die noch niemand ging. Damit du Spuren hinterlässt.“

Antoine de Saint-Exupéry

„Lebensweg“

Das Lebenszeichen „Der Weg“ bedeutet: Wege wollen gegangen werden, immer geradeaus zu den Sternen. Und kein Weg ist zu weit für dich, wenn es dein eigener ist.

„Weißt du noch,
wohin du einmal gehen
wolltest?“

„Herz“

Hallo, du da draußen, kennst du das? Du bist gerade ganz bei dir selbst, da fragst du dich mit einem Mal: Kenne ich mich wirklich?
Diese magischen Momente der kaum zu beschreibenden inneren Unruhe, wenn du dich fragst, was das Leben noch an Überraschungen für dich bereit hält. Glaube daran, dass da noch etwas auf dich wartet. Denn du bist einzigartig.
Gib den Glauben nie auf, den Glauben an dich und die Schönheit des Augenblicks. Das unbeschreibliche Gefühl des ersten Frühlingstages des neuen Jahres, bewahre es im Herzen.

Genau darum dreht es sich im Leben: um wahre Herzensangelegenheiten. Mach sie dir zu eigen, und lass sie nie mehr los. Folge deinem Herzen, sonst verschwendest du deine Zeit. Und das darfst du nie tun, dazu ist deine Lebenszeit zu kostbar. Lebe bewusst im Hier und Jetzt.
Es ist einfach so. Es gibt Dinge, die so klar und einfach sind, dass du glaubst, sie wären vielleicht gerade deshalb weniger bedeutend. Aber genau diese Einfachheit macht sie zu ganz wichtigen Herzensangelegenheiten. Warum kann man nicht einfach auf den Horizont zureiten, ohne einen Gedanken an Gestern oder Morgen? Einfach nur den Augenblick genießen, nicht im Strudel der Alltäglichkeit versinken, das ist die Kunst. Sei kein Allerweltsmensch, sondern stell dich deinem Leben und kämpf um deine Chancen.
Du darfst wirklich nie vergessen: Jeder Augenblick in deinem Leben zählt. Aus diesem Grund dürfen auch manchmal die Grenzen neu definiert und die Ziele um einen winzigen Schritt verschoben werden. Denn die Sterne laden dich ein, zwinkern dir zu. Sei also nicht unhöflich, sondern lass dich auf diesen besonderen Augenblick ein. Verpasse nicht dein Zeitfenster!

„Im Herzen tanzen ...“

Das Lebenszeichen „Herz“ möchte dir sagen:
Pass auf dein Feuer auf, lass es nicht erlöschen, dann findest du die große Liebe. Dann halte sie fest, und lass sie nie mehr los.

Was es ist

„Es ist Unsinn, sagt die Vernunft.

Es ist, was es ist, sagt die Liebe.

Es ist Unglück, sagt die Berechnung.

Es ist nichts als Schmerz, sagt die Angst.

Es ist aussichtslos, sagt die Einsicht.

Es ist, was es ist, sagt die Liebe.

Es ist lächerlich, sagt der Stolz.

Es ist leichtsinnig, sagt die Vorsicht.

Es ist unmöglich, sagt die Erfahrung.

Es ist, was es ist, sagt die Liebe.“

Erich Fried

„Liebe ist,
was im Schlafen
wach bleibt.“

„SommerNachtsTraum“

**Das Schöne ist
Ursache des Guten.**

Sokrates

„SommerNachtsTraum“

Ich will barfuß durch den Sommer gehen, mit dir Hand in Hand an einem leeren Strand liegen und den Wellen zuhören, in einer warmen Sommernacht mich schwerelos fühlen. Ich möchte die Sonnenstrahlen noch sanft auf der Haut spüren und an den Sonnenuntergang denken, dass für einen kurzen Moment die Zeit ganz still steht, und nur unser Atem zu hören ist. Ich will die Magie erleben und mich einfach treiben lassen. An nichts mehr denken und fast den Verstand verlieren.
Machtlos bin ich, kann dir einfach nicht widerstehen. Ich habe in die Nacht gehorcht: Was du dir denkst und ich verstehe. Für einen kurzen Moment waren wir Seelenverwandte. Wo bist du? –
Nur ein Sommernachtstraum?!

„Sonne“

Das Lebenszeichen „Sonne“ möchte dir sagen:
Geh hinaus in die Natur, und lass dich von einem wunderschönen Sonnenuntergang berühren. Die Kraft der Sonne gibt dir alle Energie, die du brauchst.

„Du wirst magische Momente erleben.“

„Blue Sky“

3 cl Gin
1 cl Curaçao Blue
2 cl Sahne
3 Eiswürfel
1 Orangenscheibe

Gin, Curaçao und Sahne mit den Eiswürfeln im Shaker kräftig schütteln. Mischung in eine Cocktailschale gießen und die eingeschnittene Orangenscheibe auf den Glasrand stecken.

Dieser Cocktail wurde in „Harry´s New York Bar“ ausgeschenkt, wenn jemand seiner Angebeteten den Himmel zu Füßen legen wollte.

„Blaue Stunde"

Finde deine Weisheit. Halte an deinen Plänen fest, und lass dich nicht durch andere davon abbringen. Denke ganz genau darüber nach, was du sagst und wo du zustimmst. Wen lädst du zu dir ein?
Wenn dir jemand immer wieder Energie raubt, dann setze klare Grenzen. Bleib auf deinem persönlichem Lebensweg. Menschen können dich zeitweise begleiten, aber Sie können nicht die Richtung für dich vorgeben. Denn nur du allein weißt, was wirklich gut für dich ist. Und der Weg ist immer auch das Ziel.

Also werde dir klar darüber, was jetzt richtig für dich ist. Für Außenstehende ist es oft leicht, „gute Ratschläge" zu erteilen. Doch diese bringen dir nichts, wenn du sie nicht willst. Lass dir deine Entscheidungen nicht von anderen abnehmen, denn nur du weißt, was du wirklich brauchst. Auch wenn manches, was du entscheidest, im Nachhinein vielleicht nicht ideal war – du bekommst jeden Tag neue Chancen. Also bleib dir selbst treu, und deine innere Stärke nimmt zu. Klarheit ist der erste Schritt zur Freiheit.

Das Lebenszeichen „Blaue Stunde" möchte deine Aufmerksamkeit auf deine innere Kraft richten. Triff deine Entscheidungen nicht vorschnell. Blicke erst in dich hinein, finde zu innerer Klarheit,
und halte daran fest.

„Klarheit"

„Glücksfisch“

**Es ist schwer,
das Glück in uns zu fin-
den, und es ist unmöglich,
es anderswo zu finden.**

Nicolas Chamfort

„Glück“

Glücklichsein sollte eines der ganz großen Ziele im Leben sein. Und wenn man sich auf die Momente des Glücks besinnt, merkt man, dass es oft gerade Kleinigkeiten sind, die das unbeschreibliche Glücksgefühl auslösen. Dein Glück ist eines der Dinge, für die du selbst verantwortlich bist. Aber du musst auch die Momente wahrnehmen, die dich glücklich machen.
Fange nie an, aufzuhören, glücklich zu sein, und höre nie auf, anzufangen, glücklich zu sein.

Aber was macht dich glücklich? Es kann so einfach sein: Hier einige Dinge, die du beherzigen solltest:

Immer gut drauf: Notiere dir jede Woche einige positive Dinge, die dir passiert sind. So wirst du optimistischer, und durch die bewusste Wahrnehmung vermehrst du schöne Erlebnisse.

Sportlich bleiben: Es geht nicht ohne Bewegung. Es muss ja nicht gleich Lauftraining sein, aber Aktivsein setzt nun mal Endorphine frei, und einen Abend tanzen, walken, Squash oder Beachvolleyball spielen sollte schon möglich sein. Vielleicht hat ja auch ein Fitnessstudio in deiner Nähe günstige Angebote. Du wirst sehen: Es wirkt!

Friede sei mit dir: Es gibt wirklich fiese Dinge, die einem Freunde, Bekannte, Familienmitglieder, Chefs oder Kollegen antun können. Aber wenn du dich zu lange darüber aufregst, dann schadest du dir damit nur selbst. Also vergiss die Sache nach angemessener Zeit. Freu dich darüber, dass du auch vergeben kannst. Denk einfach: Friede sei mit mir.

Zeit zum Lachen: Ja, Gefühle sind zum Teil doch nur chemische Reaktionen. Denn wenn du lachst, oder lächelst, denkt dein Gehirn sofort: „O, es gibt Grund zur Freude! Na, da schütte ich doch mal ein paar Glücksstoffe aus.“ Also lache oder lächle, so oft du kannst. Es gibt jetzt sogar schon „Lachyoga“ – geh doch einfach mal hin.

Pessimisten meiden: Vergiss die ewigen Nörgler. Lass nicht zu, dass die anderen ihren Ballast bei dir abladen. Halte dir Menschen, die nur Negatives zu erzählen haben, einfach vom Leib.

Das Naheliegende: Leih dir deinen Lieblingsfilm aus; koche, oder, noch besser, bestell dir dein Lieblingsessen, und mach dir einen ganz faulen Abend.

Tu dir etwas Gutes: Es muss ja nicht gleich der Wellnessurlaub am Meer sein, aber was hältst du von einer ayurvedischen Massage? Sei es dir wert, du wirst begeistert sein.

„Finde das Glück in dir.“

Das Lebenszeichen „Glücksfisch“ möchte dich auffordern, in dein Herz zu schauen. Dort findest du dein Glück. Es ist immer da.

„Erde, Luft, Feuer, Wasser"

Die **Erde** gibt dir Kraft und trägt dich. Sie hält dich am Boden und schenkt dir Beständigkeit, verleiht dir die Wurzeln, nach denen du vielleicht suchst.

Die **Luft** macht dich lebendig und reinigt dich. Sie gibt dir die Leichtigkeit zurück und belebt dich. Sie schenkt dir einen Hauch von Freiheit.

Das **Feuer**, die Kraft der Sonne, schenkt dir Lebensmut, Energie und wärmt dich – im Herzen.

Das **Wasser** erfrischt dich. Es macht dich munter und beweglich wie ein Fisch im Wasser.

Die Elemente der Natur können dir so viel geben, und sie verlangen nicht die geringste Gegenleistung. Lass dich einfach mal wieder von den Elementen begeistern:

Lass dir den Wind um die Nase wehen, und zähle die Wolken am Himmel.

Was hältst du von einem Morgenspaziergang durch taunasse Wiesen?

Stehe früh auf, und lass die Sonne für dich aufgehen.

Fahre auf einem Heuwagen mit, und rieche das frische Heu.

Laufe gegen den Wind, und schreie dabei aus vollem Halse.

Schlafe eine Nacht unter freiem Himmel, und schau zu den Sternen auf.

Baue einen Schneemann.

Bewundere den Regenbogen am Himmel.

Wandere um einen verschneiten See.

Das Lebenszeichen „Die Elemente"
steht für Erde, Luft, Feuer und Wasser. Welches ist dein Element? Wo liegen deine Stärken? Finde sie schnell heraus, und fang endlich an sie zu nutzen. Es ist nie zu spät.

„Die Elemente“

Lass deine Stärken
von den Kräften der
Elemente wecken.

„Der Stresskiller“

Positiver Stress kann dich beflügeln, aber finde immer wieder zu deiner Gelassenheit zurück.

„Krokodil“

6.30 Aufgestanden. Kater vom Vortag. Duschen, anziehen, fertig.

7.15 Frühstück muss ausfallen.

7.45 Büro. Noch schnell alle Unterlagen kopieren und einen Kaffee reinkippen.

8.30 Meeting mit dem Chef. Jetzt bloß keinen auf Hektik machen. Ich bin ja so gut vorbereitet.

10.30 Das ging ja gerade noch mal gut. Hoffentlich hat keiner meinen knurrenden Magen gehört. Bin schon unterzuckert.

10.45 Schnell ein Brötchen verdrücken und dann sofort an den Ideen weiterarbeiten.

12.30 Mittagspause muss ausfallen, Essen im Stehen.

12.45 O Gott, heute Abend die Geburtstagseinladung, und ich hab' noch kein Geschenk. Besorge ich später!

13.30 Die Faxe stapeln sich auf meinem Schreibtisch.

14.00 Das ist jetzt schon der x-te Kaffee. Werde jetzt auf Cola umstellen, und ab morgen gibt es 'ne Gesundheitswoche.

15.00 Was macht mein Kollege? Sag bloß, der ist schon wieder fertig, dieser Streber.

16.00 Ich habe den totalen Blackout, bekomme keine Ideen mehr.

16.10 Rufe erst mal meinen Therapeuten an.

17.00 So langsam kommen mir ein paar zündende Ideen. Geht doch!

18.00 Noch schnell alles ausdrucken und zurechtlegen.

18.30 Jetzt aber nix wie raus hier!

19.00 Und nun? Geburtstag ohne Geschenk! Ich werd' irre ...

Das Lebenszeichen „Krokodil“ macht dich auf Stress aufmerksam. Lass dich nicht von ihm auffressen. Finde zu deiner inneren Gelassenheit zurück. Setze das Krokodil gedanklich als deinen persönlichen Stresskiller ein.

„Schmetterling“

Beobachte die Verwandlung der Raupe in einen wunderschönen, leichten, flatterhaften Schmetterling. Manchmal kann man auf den zweiten Blick erkennen, dass etwas Tolles, Einzigartiges in einem einfachen Moment stecken kann. Lass dich nicht abschrecken, und finde auch in schlichten Dingen wahre Schönheit; sie ist immer da.

Nutze deine Sinne, und vertraue deinem Gefühl. Auch in dir kann eine ganz besondere Verwandlung stecken. Was auch immer du gerade tust, oder in welche Richtung du gerade blickst – eine plötzliche Begegnung oder eine Vision kann dich dazu veranlassen, dich zu verwandeln. Das Unentdeckte steckt in jedem von uns. Manchmal kommt die Zeit, da treten alles Gelebte und auch Geliebte in den Hintergrund. So entsteht Raum, und etwas Neues kann beginnen. Chancen kommen auf dich zu, an die du vielleicht nie gedacht hast. Aber die Kraft die in dir steckt, dein Mut und deine besonderen Fähigkeiten, von denen du noch nichts ahnst, wollen irgendwann gesehen werden. Also beobachte weiterhin alle Wandlungen, und überlege dir, was sich nach und nach bei dir aus dem Kokon schält. Wir dürfen gespannt sein.

Das Lebenszeichen „Schmetterling“ bedeutet:
Es steckt ganz viel in dir, so auch eine überraschende Verwandlung. Setze deine Kraft und deinen Mut ein, und du wirst ganz neue Chancen nutzen können.

„Metamorphose“

„Zitronenfalter"

Bring mehr Fantasie
in dein Leben, dann
kannst du deine Umwelt
verzaubern.

„Ausgewogenheit“

Wenn du im Inneren
festen Boden unter
den Füßen hast,
kann ihn dir im
Außen niemand
wegziehen.

„Balance“

Es ist nicht nur auf dem Drahtseil wichtig, das Gleichgewicht zu halten. Auch auf den Pfaden des Lebens kannst du immer wieder ins Wanken geraten. Achte auf deine Balance. Gerade in Bezug auf deine Lebensziele solltest du dich nicht so schnell von deinem Standpunkt abbringen lassen. Wenn du immer hin und her schwankst bei deinen Meinungen, Ansichten, Lebenszielen und Auffassungen, kannst du leicht die Orientierung und somit die Balance verlieren. Stehe zu dir, und halte an deinen Werten fest. Und wenn dein Boot auf dem Fluss des Lebens einmal ins Schlingern gerät, analysiere deine Situation mit klarem Verstand und den Blick auf dein Ziel gerichtet. Wenn du innerlich gut geerdet bist, dann kann dir von außen auch niemand den Boden unter den Füßen wegziehen.

Du hast das Recht, dein eigenes Leben zu führen und deine eigenen Erfahrungen zu machen. Lass dich nicht verunsichern. Manchmal muss man wirklich ganz stark sein, um das, was einem wichtig ist, nicht aus den Augen zu verlieren. Du hast ein Recht auf das, was dir gehört. Lass dir nichts wegnehmen. Mach dir bewusst, wie wichtig etwas für dich ist, und bleibe dann ganz klar bei deinem Standpunkt – denn es geht um das Wesentliche für dich. Bis hierher, o.k., aber nicht weiter!
Du darfst Fehler machen und für deine Werte kämpfen. Du musst aber nicht die Fehler der anderen ausbügeln. Halte dir das vor Augen, dann wirst du es auch schaffen, die Balance zu halten.

Das Lebenszeichen „Balance“ möchte dir sagen:
Lass dich nicht aus dem Gleichgewicht bringen. Werde nicht wankelmütig, halte deine Balance, und bleibe bei deinem Standpunkt.

„Bewahre dein Geichgewicht.“

„Sei albern, und fang dir einen Spaßvogel ein."

„Lachen"

Hab Spaß am Leben, und fang dir das Glück ein. Das Lachen wird dir den Weg zeigen, denn sobald du lachst, bist du sofort glücklicher. Außerdem sind deine Gedanken dann klar, wie reingewaschen, und du strahlst positive Schwingungen aus. Mit dem Lachen kommt der Sonnenschein in dein Leben, und, was noch wichtiger ist: Wenn du lachst, setzt dein Verstand aus.

Nimm dir Zeit zum Lachen, sei fröhlich. Füttere deinen Humor, und dein Leben wird zum Spiel. Meide Spielverderber, und suche den Kontakt zu lustigen Leuten. Erinnere dich an die unbeschwerten Spiele aus deiner Kindheit. Mach doch einfach mal wieder irgendwelchen Blödsinn (natürlich harmlosen!): einfach einmal ziellos herumalbern, Unfug treiben – ohne Regeln. Hüpfe, springe, lache, und schaue, was passiert. Du wirst merken, wie dein Herz mitspringt und ganz viel Energie frei wird. Du kannst dich gar nicht lächerlich genug machen, wenn du damit viele, viele kleine Endorphine freisetzt. Probiere es doch mal aus, es kostet dich nur ein Lachen.

Das Lebenszeichen „Spaßvogel" fordert dich auf, deine Aufmerksamkeit auf die lustige Seite des Lebens zu lenken. Nimm nicht alles so ernst, und vergiss den Spaßfaktor nicht. Tue alles, was Spaß macht. Das ist ein Befehl! ☺

„Tu alles, was Spaß macht."

„Spaßvogel“

Schenk dir jeden
Tag ein Lächeln.

„Verführung“

Im Roten Salon trinkt die Lady in Red den roten Liebestrank. Da sieht der Stier rot, weil ihm die Verliebtheit die Schamesröte ins Gesicht treibt. Er denkt an Rotlicht, dass leicht verrucht auf die Straße scheint, die rote Abendsonne, die sich langsam über die Stadt senkt, an den Ayers Rock in Australien und das zartrote Schimmern reifer Kirschen. Wie gern würde er ihre fantastischen roten Lippen küssen, ihr rote Rosen schenken. Ihre Anziehungskraft treibt ihn fast zur Verzweiflung.
Ein Lächeln spielt um den zarten Mund der Lady, der Liebestrank wirkt. Sie steht auf und bewegt sich geradewegs auf ihn zu. Ihr rotes Kleid fällt lässig um ihre atemberaubende Figur, ihr betörender Blick ist magisch. Plötzlich bekommt sein Herz Flügel. Das Spiel beginnt ...

„Roter Liebestrank“

4 Blätter frischer Salbei
10 g frische Ingwerwurzel
50 g Potenzholz
300 g Himbeeren
1 Vanilleschote
100 g rote Johannisbeeren
1 l Obstbrand
12 Esslöffel Akazienhonig
1 roter Granat (Edelstein)

So zauberst du deinen eigenen Liebestrank – für wen auch immer.
Das Obst waschen und trockentupfen. Die Ingwerwurzel in kleine Stücke schneiden und die Vanilleschote aufschlitzen. Alle Zutaten, bis auf den Honig, in eine ausreichend große Flasche geben und mit dem Obstler auffüllen. Acht Wochen im Hellen stehen lassen, dann abfiltern. Die jetzt rote Flüssigkeit mit dem Granat zurück in die Flasche füllen und den Honig dazugeben. Nach 14 Tagen ist der „Liebestrank“ einsatzbereit.
Roter Granat erzeugt Feuer – er stärkt die innere Flamme, bringt Schwung ins Selbstvertrauen und beseitigt unnötige sexuelle Hemmungen. Er schenkt Lebensfreude, weckt ungeahnte Fähigkeiten und verzaubert.
Setze diesen Liebestrank nur in Maßen ein.
Bei Bedarf reichen zwei Schnapsgläschen voll. Lass dich überraschen, was dann geschieht. Auf jeden Fall verleiht er einem Herzen Flügel.

Das Lebenszeichen „Roter Salon“
bedeutet: Vergiss nie die Verführerin/den Verführer in dir. Entdecke deine Reize neu, wirf deinen Verstand über Bord, und gestalte deine eigenen Regeln – zu welchem Spiel auch immer.

„Im Roten Salon"

... bestimmst du
die Spielregeln!

„Finde deine Mitte,
und akzeptiere das Leben."

„Kreis“

Der Kreis ist die vollkommenste symmetrische Figur der Ebene. Wo immer man ihn durch den Mittelpunkt in zwei Teile trennt, die beiden Hälften sind immer gleich groß – also eine harmonische Teilung des Ganzen. Der Kreis ist auch die wichtigste Form der Natur; man findet ihn in Vielem: in der Gestalt von Erde, Sonne, Mond und Sternen, unseren Pupillen, Regentropfen, im Zyklus der Jahreszeiten.
Der Kreis hat eine ganz besondere Schwingung. Das merkst du schon, wenn du mit einigen Menschen in einem Kreis sitzt. Jeder hat die gleiche Position; es gibt kein Vorn oder Hinten. Es ist eine absolut harmonische Anordnung, die einen Geborgenheit erfahren lässt. In vielen alten Kulturen wurden Zeremonien oft in Sitzkreisen durchgeführt. Man wusste um das Besondere des Kreises. Auch die Kreistänze dienten dazu, die positve Energie zu entwickeln. Das Medizinrad der Indianer gilt als Ort der Meditation und der Heilung. Das asiatische Yin und Yang vereint die Gegensätze im Kreis und symbolisiert so die vollkommene Harmonie. Auch Mandalas, sie stehen für Träume und Visionen, sind immer um eine Mitte herum zum Kreis geordnet.
Der Kreis macht dich aufmerksam auf deine Verbundenheit mit der Natur und dem Kosmos, außerdem auf deinen Glauben, spirituelle Verbindungen, den ewigen Kreislauf, die Unendlichkeit. Anfang und Ende gehen in ihm ineinander über. Nutze die Harmonie des Kreises, so findest du deine Mitte.

„Ohne den Kreis würden wir überall anecken.“
Sven Redecker

Das Lebenszeichen „Kreis“ steht für die ewigen Zyklen des Lebens.
Wenn du deine Stabilität wahrst, indem du immer wieder in deine Mitte zurückfindest, bringen dich auch Turbulenzen nicht aus dem Gleichgewicht. Akzeptiere das Leben.

„Freiheit“

„Ich will unter keinen Umständen ein Allerweltsmensch sein. Ich habe ein Recht darauf, aus dem Rahmen zu fallen, wenn ich es kann. Ich wünsche mir Chancen, nicht Sicherheiten. Ich will kein ausgehaltener Bürger sein, gedemütigt und abgestumpft, weil der Staat für mich sorgt. Ich will dem Risiko begegnen, mich nach etwas zu sehnen und es zu verwirklichen, Schiffbruch zu erleiden und Erfolg zu haben. Ich lehne es ab, mir den eigenen Antrieb mit einem Trinkgeld abkaufen zu lassen. Lieber will ich den Schwierigkeiten des Lebens entgegentreten als ein gesichertes Dasein führen, lieber die gespannte Erregung des eigenen Erfolges als die dumpfe Ruhe Utopiens. Ich will weder meine Freiheit gegen Wohltaten hergeben noch meine Menschenwürde gegen milde Gaben. Ich habe gelernt, selbst für mich zu denken und zu handeln, der Welt gerade ins Gesicht zu sehen und zu bekennen, dies ist mein Werk.“

Albert Schweizer

Das Lebenszeichen „Katze“ steht für Freiheit: Suche die Freiheit deiner Gedanken, blicke der Welt gerade ins Gesicht, und falle aus dem Rahmen. Kämpfe um deine Freiheit.

„Die Selbstachtung einer Katze
ist außerordentlich.“

Christian Morgenstern

„Katze“

Es gibt immer Möglichkeiten.
Du musst sie nur erkennen!

„Die Unbekannte“

„Vorstoß ins Unbekannte“

Was bringt es dir, wenn du immer in deinem Trott bleibst? Wer überrascht dich, wenn deine Schritte, Tage, Wochen immer gleich sind? Warum beschwerst du dich, wenn du doch keine Wendung vollziehst? Wer soll sich für dich einsetzen, wenn es nichts gibt, wofür es sich lohnte? Wohin soll dein Weg gehen, wenn du noch nicht einmal den ersten Schritt getan hast? Wann fängst du an, Entscheidungen nicht immer aus dem Weg zu gehen? Wann kommt endlich eine Reaktion von dir, eine Reaktion auf das Leben? Für wen machst du all diese Kompromisse? Deine Zeit ist kostbar! Warum kannst du nicht über deinen Schatten springen? Wo verpufft deine Engergie?
Wann bist du das letzte Mal wirklich mutig gewesen?
Wer hat dich zuletzt im Herzen berührt?
Sag es dir!

Erkenne, dass es immer Möglichkeiten gibt – für dich, für jede Situation, für den großen Moment oder für die kleinen Augenblicke. Probiere auch einmal eine „unbekannte“ Variante. Steh zu dir, höre auf deinen Bauch. Sei du selbst, und fordere endlich deine Stärke und deinen Mut heraus. Denn nur dann kann das Unmögliche möglich werden.

Das Lebenszeichen „Die Unbekannte“ bedeutet:
Es gibt im Leben immer Möglichkeiten für dich. Auch wenn dir eine Situation noch so aussichtslos erscheint. Wenn du deinen Blick dafür schärfst, findest du immer neue Wege. Folge deiner Intuition, und betritt Neuland.

„Dreieck“

Veränderungen werden serviert. „Aber ich hab doch gar nichts bestellt“, sagst du vielleicht. Doch wenn du dich gedanklich mit eventuellen Veränderungen beschäftigst, dann öffnet sich irgendwo eine Tür, dessen kannst du sicher sein. Also geh doch einfach mal durch diese unbekannte Tür hindurch; es wird schon kein böser Wolf dahinter lauern. Unser größte Schwäche ist unsere Vorsicht. Doch der sicherste Weg, sich erfolgreich zu verändern, besteht darin, nicht aufzugeben. Kleine Kinder fallen immer wieder hin, wenn sie versuchen, laufen zu lernen. Sie fallen so oft auf die Knie, dass es fast idiotisch erscheint, dass sie immer wieder aufstehen. Aber es ist nicht idiotisch, sondern im höchsten Maße menschlich. Sie versuchen es immer wieder, bis es endlich funktioniert. Erinnere dich an deine ersten Schritte. Möchtest du lieber auf die Erfahrung des Fallens verzichten? Dann würdest du nie erfahren, wie wunderbar das Laufen ist! Du könntest nie erleben, wie es ist, dorthin zu gehen, wohin der Wind dich trägt. Also, nimm all deine Lust auf Neues zusammen und mach dich auf Entdeckungstour. Es muss ja nicht gleich Indien sein; Amerika ist auch ganz nett.

Es ist Zeit für Veränderungen, in welche Richtung auch immer.

Das Lebenszeichen „Dreieck“ repräsentiert die Erleuchtung, die Veränderung und den Übergang. Du befindest dich im Umbruch; nutze die Gelegenheit und verändere dein Leben. Alles wird leicht.

Denk daran: Die Veränderung
beginnt erst, wenn du dich veränderst.

Glaube an dich.

„Glaube, Liebe, Hoffnung“

„Glaube"

Woran glaubst du? Sind wir Menschen spirituell offen für den Glauben an eine höhere Macht? Gibt es da etwas, das über uns steht, unabhängig von Technik und Wissenschaft?
Solange wir glauben, empfinden wir auch Verantwortung für uns und unser Handeln. Das gilt gerade in einer Welt, wo alles immer schneller wird, wo Technologie überhand nimmt, wo Computer das Handeln übernehmen, Chips immer kleinere Ausmaße annehmen und die Suche nach Profit immer größere, wo Forscher immer neue Trends vorgeben. Höher, schneller, weiter – und wenn du es nicht schaffst, vielleicht ja dein Klon? ... bis wir uns selbst aus den Augen verlieren und mit der Entwicklung nicht mehr Schritt halten können.

Lass deine Werte nicht vom Fortschritt verdrängen. Vergiss nie, wofür du eintreten willst, was dich berührt und wo deine persönlichen Ziele liegen. Tue das, was deiner Natur entspricht.
Höre einfach in dich hinein, und versuche, deinen Glauben wiederzufinden. Entdecke deine Spiritualität, deine Verbindung zur Natur, zum Universum. Glaube an dich, auch wenn du kleine Fehler hast. Du bist der wichtigste Mensch in deinem Leben. Und dein Leben ist so in Ordnung, wie es ist. Also mache dir keine Gedanken darüber, was andere von dir halten, sondern vertraue deiner inneren Stimme. Verliere den Glauben nicht, denn er stärkt dich und gibt dir Halt. Es ist der Glaube, der uns mit allem verbindet.

Das Lebenszeichen „Fische" steht für Glaube: Kein Mensch ist vollkommen. Gib dich nie auf. Glaube an dich, an deine Einzigartigkeit. Übernimm die Verantwortung für dich und deine Wahrheit.

„Sternenzauber"

Weißt du, wieviel Sternlein stehen hoch droben am Himmelszelt? Wann hast du sie das letzte Mal gezählt? ... bist ins Staunen geraten, wie hell sie leuchten? Hast versucht, die Sternbilder zu erkennen? ... bist abgehoben und warst fasziniert von der Unendlichkeit? ... hast den Alltag vergessen und den Moment bewundert? ... hast überlegt, ob du noch den Stern siehst oder nur noch das Licht? ... bist zwischen hellen Punkten versunken und hast auf Sternschnuppen gewartet, um einen Wunsch ins Universum zu schicken?
Wenn es gestern war, tu es heute wieder, denn all deine Wünsche sollen in Erfüllung gehen.

Das Lebenszeichen „heller Stern"
möchte dir sagen:
Vergiss nie jenen deiner Wünsche, der noch erfüllt werden will. Folge immer deinem eigenen Stern, und alle deine Herzenswünsche werden wahr.

Das Wunschtraumorakel:
So erfüllst du dir deine Wünsche: Setz dich in Ruhe hin, und schreib auf, was du dir wirklich von Herzen wünschst. Gehe (vielleicht bei Vollmond) hinaus in eine sternenklare Nacht, und blicke hinauf zu den himmlischen Lichtern. Lies noch einmal, was du aufgeschrieben hast, dann vergrabe deinen „Wunschzettel" in der Erde. Versuche deinen Wunsch loszulassen; vertraue dem Universum. Grüße die Sterne, und lass dich überraschen.

„Sternenklar"

Twinkle, twinkle little star!
How I wonder what you are.
Up above the world so high,
like a diamond in the sky.

„Zeit“

Meditation ist keine Flucht
aus der Wirklichkeit, sondern
eine gelassene Begegnung
mit der Wirklichkeit.

Thich Nhat Hanh

„Spirale“

Was verschlingt all deine kostbare freie Zeit? Schaust du fern zur Entspannung? Man kann ja wirklich einmal in die Glotze gucken, aber nicht jeden Abend. Essen gehen? Nur weil der Spanier um die Ecke eine Happy Hour eingerichtet hat, musst du nicht gleich deinen Kühlschrank verkaufen. Kino? Sicher sehen Brad Pitt und Angelina Jolie auf der Leinwand noch knackiger aus als in Wirklichkeit. Triffst du dich mit Freunden? Immer wieder schön, aber achte dennoch darauf, dir auch Zeit für dich zu nehmen – für deine Projekte, Wünsche und Lebensziele. Gerate nicht in den Strudel der Hektik. Behalte den Überblick.

Gerade auch bei alten Freunden und Bekannten solltest du hin und wieder einmal überprüfen, mit wem du dich da so triffst. Es gibt immer wieder Individuen, die bei dir ihren ganzen Ballast abwerfen, ewig jammern und dein Mitgefühl einfordern. Jene ewigen Opfer, die immer an den falschen Mann/die falsche Frau geraten, nie einen Parkplatz finden und sicher sind, dass sie nie Glück haben werden. Diese Art von Menschen musst du, je nach deiner eigenen Verfassung, manchmal etwas auf Distanz halten, denn sie rauben dir deine ganze kostbare Energie. Nimm dir einfach täglich Zeit für dich, und ziehe dich zurück. Suche die Stille, um in dich hineinzuhorchen und zu entdecken, was in dir noch gelebt werden will.
Was gibt es, was du immer wieder aufgeschoben hast, aber eigentlich doch schon immer machen wolltest? Was wartet in dir, was nach und nach Gestalt annehmen kann? Welche verrückten Ideen schlummern noch in dir?

„Nimm dir Zeit für das, was dir wirklich am Herzen liegt. Sonst verlierst du es.“

Das Lebenszeichen „Spirale“ steht für Zeit.
Nimm dir Zeit, alte Wunden zu heilen und neue Pläne zu schmieden, verrückte Ideen zu entwickeln und auf Fantasiereisen zu gehen, alte Freunde zu treffen und neue zu finden. Nimm dir einfach Zeit für dein Leben.

„Strahlen“

Locke dir ein Strahlen auf dein Gesicht.
Gehe an jeden Tag positiv heran. Betrachte ihn als etwas ganz Besonderes, denn das hat er verdient. Jeder neue Tag ist so einzigartig, wie du es bist. Er kommt nie wieder, hat aber alle Chancen, ganz wundervoll zu werden. Du gibst ihm Gestalt. Und die Summe deiner „guten“, „glücklichen“ oder irgendwann „hervorragenden“ Tage macht für dich vielleicht eine „super“ Woche, und später ein „fantastisches“ Jahr aus.
Aus diesem Grund solltest du ganz genau nachdenken, ob du dich der „maulenden Mehrheit“ anschließt, die der Meinung ist, dass „eh alles schlecht läuft“, oder ob du für dich entscheidest. Freu dich auf den Tag. Nimm dir morgens beim Kaffee (oder Tee) etwas Zeit, lies einen motivierenden kurzen Text, der deine Gedanken in eine positive, dynamische Richtung lenkt, und starte mit dieser Energie durch in den Tag. Versuche immer wieder, deine Gedanken positiv auszurichten. Gib du den Ton des Tages an, denn es liegt in deiner Hand, wie er sich entwickelt.
Also was spricht gegen ein fantastisches Jahr? Ich hab nichts anderes vor.

Das Lebenszeichen „Strahlen“ steht für Licht.
Nutze die Kraft des positiven Denkens. Denn du bist, was du denkst. Was also denkst du den ganzen Tag? Achte auf die schönen Dinge. Fange mit Kleinigkeiten an. Bald strahlst du vor Glück und positiven Erlebnissen.

„Licht“

Versuche jeden Tag als etwas
Besonderes zu sehen.
Lenke deine Aufmerksamkeit auf das,
was wirklich zählt: auf das Heute.

Überfülle dein Leben nicht mit Verpflichtungen und Erwartungen. Finde zu deinem positiven Naturell zurück.

„Das Einfache“

Während meines Grafikdesign-Studiums war eines meiner Studienfächer experimentelle Malerei. Und unter experimentell verstehe ich, dass man herumprobieren kann – mit Farben, Formen und Materialien. Also tat ich das und experimentierte munter vor mich hin. Aber als mein Werk dann fast vollendet war, kam mein Professor, blickte missbilligend darauf und meinte dann zu mir: „Weniger ist manchmal mehr.“ Ich habe fast einen Wutanfall bekommen.

Aber schau selbst einmal, was passiert, wenn du alle Farben mischst. Eben waren sie noch leuchtend und klar, zusammen ergeben sie allerdings immer nur ein mattes Braun. Da stimmt der Satz, dass weniger manchmal mehr ist. So kann es auch bei deinen Zielen, Wünschen und Aufgaben sein. Besinne dich wieder auf die einfachen Dinge. Versuche nicht ständig, das Rad neu zu erfinden, sondern bemühe dich darum, jene Fähigkeiten zu optimieren, die dir gut von der Hand gehen. Dinge, die dir einfach erscheinen können, einen weit größeren Reiz haben als alles künstlich Aufgebauschte.

Lass nicht zu, dass irgendjemand den Wert dessen, was du tust, oder der Menschen, mit denen du dich umgibst, herabsetzt. Verfolge deine Interessen, und bewege dich auf dem Terrain, auf dem du dich sicher fühlst. Mach dich dort zum Experten. Manchmal ist es gar nicht ratsam, in die Ferne zu schweifen oder nach neuen großen Aufgaben zu suchen, sonst fängst du immer wieder von vorn an. Sei lieber einer der Besten, in dem, was du tust, als in einem scheinbar wichtigen Metier nur einer von vielen zu sein.

Wenn du dich auf vertrautem Boden bewegst, gehst du sicheren Schrittes und kommst viel schneller und leichter voran.

Das Lebenszeichen „Huhn“ steht für das Einfache.
Lass dich nicht für dumm verkaufen, die anderen kochen auch nur mit Wasser. Du brauchst keinen Doktortitel, um deine Meinung zu sagen. Stehe hinter deinen eigenen Werten, das ist genug.

„Erwachen“

Träumst du vielleicht gerade davon, wie dein Leben verlaufen könnte? Was du alles machen willst, wenn sich die Gelegenheit bietet? Dann wird es Zeit für dich, aufzuwachen. Schau dich wieder einmal in der Realität um. Du brauchst nicht 100 Jahre darauf zu warten, dass endlich jemand die Dornenhecke überwindet und dich wachküsst. Nimm die Heckenschere, und lege selbst los. Verschaffe dir endlich klare Sicht. Deine Zeit in der Defensive, das Verstecken und Warten solltest du langsam beenden. Es bringt dir einfach nichts. Du musst jetzt selbst aktiv werden.

Wir Menschen neigen dazu, Entscheidungen vor uns herzuschieben – ganz nach dem Motto: „Wenn ich nicht hinschaue, ist es nicht da.“ Aber leider sieht die Wirklichkeit doch etwas anders aus. Dein „Problem“ taucht immer wieder auf und raubt dir mehr und mehr Energie. Doch hast du erst einmal wieder reinen Tisch gemacht, kannst du mit neuer Kraft durchstarten.

Versuche es doch einfach mal mit etwas Naheliegendem. Es muss ja nicht gleich ein kompletter „Neuanfang“ sein – mit Berufswechsel und Wohnung in Paris. Aber ein paar ganz kleine Schritte in Richtung Erwachen aus der Lethargie könnten dir guttun. Zeige deiner Umwelt, dass du wieder da bist: frisch und munter, zu allem bereit.

„Je suis prêt.“

(Ich bin bereit.)

Das Lebenszeichen „Blatt“ steht für Erwachen.
Halte dich nicht länger nur bereit, sondern starte durch.
Beende deinen Dornröschenschlaf, und gehe in die Offensive.
Es ist Zeit, Entscheidungen zu treffen.

„Blatt“

Ich hüll' dich ein in
meinen Schatten.

„Rote Figur“

Gefühle können manchmal überschäumen; man hat sie nicht immer im Griff. Einerseits bringen sie dich fast um, andererseits lassen sie dich auf Wolke sieben schweben ...

„Gefühle"

Gefühle lassen dich alles vergessen und geben dir den Glauben an das, was dir wirklich etwas bedeutet, zurück. Sie lösen hysterisches Gelächter oder bittere Tränen aus, machen dich kraftlos oder geben dir Stärke. Sie nehmen all deine Gedanken ein und lassen dich nicht mehr los. Sie geben deinem Leben Sinn und machen dich lebendig. Sie können dich im selben Moment fesseln und erlösen.

„Willst du dich selbst erkennen, halte dir einen Spiegel vor."

Wenn du richtig verliebt bist, sagen dir Freunde oft, dass du dich verändert habest – aber vielleicht hast du dich nur wieder gefunden. Man bedenke nur die Faszination des Stückes „Romeo und Julia". Seit fast fünf Jahrhunderten zieht die wohl schönste, zarteste, träumerischste, stärkste, gefühlvollste und traurigste Liebesgeschichte der Welt Leser und Theaterbesucher jeden Alters gleichermaßen in ihren Bann. Sie zeigt: Gefühle und insbesondere Liebe sind nicht planbar. Und sie können so stark sein, dass sie über das Leben hinausgehen.

Wir wissen so viel, aber wir fühlen so wenig.
Lass nicht zu, dass deine Gefühle über die Jahre verkümmern. Gehe nicht länger gegen deine Gefühle an. Sie bringen dich nicht ab von deinem Weg, sondern zeigen dir möglicherweise eine ganz neue Seite an dir. Sie bringen dich in neue Situationen, zu neuen Menschen und Erfahrungen, geben dir Kraft und verleihen dir Flügel. Sie machen dich lebendig.

Das Lebenszeichen „Rote Figur" steht für Gefühle.
Gefühle sind immer eine Offenbarung. Und sie sind auch der Spiegel unserer Verletzlichkeit. Aber verschließe dich nicht, sondern lass sie an dich heran.
Es ist Zeit für Gefühle.

„Orangefarbener Stern“

Versinkst du manchmal im Chaos? Da bist du nicht allein. Aber auch das scheinbar Ungeordnete hat seine Ordnung. Die Welt erscheint auf den ersten Blick ziemlich chaotisch, allerdings erkennt man bei genauerer Betrachtung eine gewisse Ordnung hinter den Dingen. Es kommt immer auf das Wechselspiel der Kräfte an. Mal geht es chaotisch zu, mal wohlüberlegt. Sicher werden dabei bestimmte Regeln befolgt, doch zugleich wird alles im hohen Maße vom Zufall gelenkt. Darum vergiss die Planerei deines Lebens, denn auch der schönste Plan bleibt immer Theorie. Denke die Chaostheorie: Du kannst nichts bis ins Letzte planen, da schon die kleinste Veränderung der Rahmenbedingungen weitreichende Auswirkungen haben kann.
Schau einfach, was auf dich zukommt. Lass dich überraschen, und halte dich mit deinen Erwartungen etwas zurück. Lauf nicht den Ereignissen hinterher, sondern erwache zum Leben. Wenn sich Gelegenheiten für dich ergeben, kannst du abwägen, ob du dich darauf einlässt. Malst du dir allerdings die Ereignisse im Vorfeld zu intensiv aus, kannst du leicht enttäuscht werden. Sei spontan, und genieße einfach mal wieder das Leben. – Wer weiß, was sich daraus entwickelt, was der Zufall so bringt?

Das Lebenszeichen „Orangefarbener Stern“ sagt dir:
Du musst Chaos in dir haben, um mit den Sternen zu tanzen. Erwache zum Leben, gehe singen und tanzen, lache und feiere. Sei lebendig, und die Welt dreht sich nur um dich.

„Auch der schönste Plan bleibt doch immer Theorie, denn wie die Dinge sich entwickeln, weiß man nie.“

Es gibt keine Zufälle,
es fällt dir zu.

„Chaos“

„Ganz oder gar nicht“

Nicht das,
was wir beginnen, zählt,
sondern das,
was wir fertigbringen.

Emil Oesch

„Gelber Kreis“

Etwas zieht mich in seinen Bann; ich bin gleichermaßen fasziniert und erschrocken. Blindlings möchte ich folgen, aber mein Verstand hält mich zurück. Es zieht mich zu neuen Horizonten, weil es gerade nichts gibt, was mich hält. Ich bin wechselhaft, ständig auf dem Sprung, auf der Suche nach dem ultimativen Kick. Aber schnell merke ich, dass das, was mich eben noch lockte, doch nicht das Richtige für mich ist.

Wie sieht es bei dir aus? Versuchst du, ein reelles Ziel zu erreichen, oder jagst du nur einem Phantom hinterher? Wenn du ein glückliches und erfolgreiches Leben führen möchtest, solltest du dein Streben mit einem Ziel verbinden.
Sicher können wichtige Entscheidungen immer neu überdacht werden, aber bringe mehr Ehrlichkeit in deine Unternehmungen. Das Wesentliche ist, positive Werte zu vertreten. Raube dir nicht selbst deine ganze Energie, indem du ständig etwas Neues anfängst. Lass die erste Euphorie verstreichen und prüfe dann, ob das, was dich gerade so fasziniert, wirklich das Richtige für dich ist.
Schreibe dir deine neuen Pläne auf, und lies sie dir morgens und abends einmal durch. So kannst du ganz leicht prüfen, ob es sich gut anfühlt oder ob es dir allmählich fremd wird. Dies kannst du für Menschen, Hobbys, Geschäftsideen und Gefühle gleichermaßen machen. Wenn eine Testphase schon lange andauert, könnte jetzt eine Entscheidung anstehen.
Die Zeit ist für dich gekommen, dich ganz deiner Intuition zu öffnen. Folge deinem Instinkt, setze die Kraft deines Unterbewusstseins ein. Jetzt kannst du wohlüberlegt zu handeln beginnen, hast endlich den Punkt erreicht, an dem du deine Pläne nachhaltig verfolgen kannst.

Das Lebenszeichen „Gelber Kreis“ steht für:
ganz oder gar nicht. Vergiss die halben Sachen.
Fang nichts mehr an, was du nicht wirklich bis zu Ende führen möchtest. Die Zeit des Ausprobierens ist vorbei.
Schließe den Kreis, und alles kommt in Fluss.

„Vergänglichkeit“

Was wir erwarten, werden wir finden.

Aristoteles

Nichts ist für die Ewigkeit. Alles ist vergänglich. Meinst du, dass es so ist, dass es keine Beständigkeit mehr gibt? Wofür solltest du dich dann anstrengen? Was du heute als passend entdeckst, gehört morgen vielleicht schon wieder der Vergangenheit an. Manchmal jagt man etwas nahezu panisch hinterher. Aber lohnt sich die Mühe, die du dir machst? Bist du auf dem richtigen Weg? Oder hast du die Suche schon längst aufgegeben, weil du dich auf Irrwegen befindest? Davon will ich nicht ausgehen.
Also mach eine Bestandsaufnahme. Denn die Zeit verrinnt manchmal schneller, als man Pläne machen kann. Darum ist es wichtig, der Vergänglichkeit ins Auge zu sehen. Nutze dein Wissen darum, und folge deinem Herzen. Setze Prioritäten. Lebe die Dinge, die dir wirklich am Herzen liegen. Überlege, mit wem du was machen möchtest. Schiebe es nicht länger vor dir her, denn die Uhr läuft, und du kannst sie nicht zurückdrehen. Es wäre doch schade, wenn du irgendwann merkst, dass du den rechten Augenblick verpasst hast und deine Träume ganz weit unten in der Schublade gelandet sind. Nutze deine Chancen, mache dir klar, was du alles erleben möchtest. Packe es an, denn heute beginnt der Rest deines Lebens.

„Leben ist das, was dir passiert, während du Pläne schmiedest.“

John Lennon

Das Lebenszeichen „Fischgräte“ steht für Vergänglichkeit: Lass dich nicht unterkriegen!
Lebe jeden Tag voller Zuversicht und beginne ihn immer als etwas ganz Besonderes. Denn was wirklich wichtig ist im Leben, begreift man oft zu spät. Darum: Nutze den Tag.

„Erfolg“

Wenn du möchtest, dass sich der Erfolg bei dir einstellt, deine Projekte gedeihen und deine Visionen Gestalt annehmen, solltest du dir unbedingt ein Ziel suchen, das dir wirklich am Herzen liegt. Finde eine Idee, die du leidenschaftlich verfolgen kannst; vergeude deine Zeit nicht mit etwas, was nur nach vernünftigen Gesichtspunkten im Kopf entsteht. Eine solche Idee kann dann mit einem langen Atem, viel Ausdauer, harter Arbeit und ein bisschen Glück zu einem erfolgreichen Unternehmen werden.

Wichtige kleine Dinge, mit denen du das Universum überzeugst, dass du es ernst meinst mit deinen Zielen und deinem Erfolg:

- Glaube an dich und deine Ziele, dann glauben auch andere an dich.
- Versuche immer, deinen eigenen Weg zu gehen.
- Strebe nach wirklicher Fülle in deinem Leben, denn du darfst alles erreichen was du dir wünschst.
- Bewahre dir deinen Humor.
- Entdecke deine besonderen Fähigkeiten, und entwickle sie weiter.
- Stehe früh auf, denn Erfolg ist harte Arbeit.
- Achte auf deinen Körper, treibe Sport und trink viel Wasser
- Reduziere deine Unordnung.
- Kümmere dich um deine wirklichen Freunde und um deine Familie.
- Gib dich nie auf, sondern starte auch nach Fehlschlägen immer wieder durch.
- Wende die Magie des positiven Denkens an.
- Denke daran, dass nichts so attraktiv ist wie Erfolg.
- Vergiss den Spaßfaktor nicht; gehe tanzen, lache, amüsiere dich.
- Du musst die Regeln verstehen, um sie dann für dich einzusetzen.
- Denke daran, dass jeder Fehler macht; aber versuche immer, das Beste zu geben.
- Sei realistisch, und bleibe trotzdem ein Träumer.

„Pfeil“

Das Lebenszeichen „Pfeil“
steht für Erfolg:
Setze dir ein klares Ziel, stecke all deine Energie in die Verwirklichung deiner Vision. Achte auf alle Zeichen, die du bekommst, sie weisen dir die Richtung. Der Erfolg wird sich bei dir einstellen. Deine Zeit ist jetzt gekommen.

Ich danke dem Universum dafür, dass ich den Mut habe, meine Ziele zu verfolgen und meinen Visionen Gestalt zu geben.

„Achtung“

Denk daran:
immer mit wachem Blick
durchs Leben gehen!

„Sherrifstern“

Du befindest dich zurzeit vielleicht gerade auf der Überholspur. Was du auch in Angriff nimmst, es gelingt dir. Keine einzige Wolke ist an deinem Himmel zu sehen – und das sollte auch so bleiben.

Aus diesem Grund solltest du nicht vergessen, die rosarote Brille zwischendurch einmal abzusetzen und zu schauen, wer da gerade so in deinem Leben herumschwirrt. Gibt es jemanden, der plötzlich sehr nett zu dir ist und ohne ersichtlichen Grund großes Interesse an deiner Person entwickelt? Überlege dir genau, wem du von deinen Plänen erzählst und wem du vertrauen kannst. Sei sehr wachsam.

Denn gerade wenn sich bei dir alles fantastisch entwickelt, werden die Neider auf den Plan gerufen. Und die sind ziemlich gerissen. Denn irgendwer kratzt immer an deiner Fassade oder sägt an deinem Stuhl, versucht deinen Hund mit Leckerlis zu bestechen und deiner Freundin oder deinem Freund schöne Augen zu machen, will auch mal Papas Liebling sein, den Jackpot knacken, einfach die Nummer eins sein. Und wenn du das gerade bist, dann heißt das für die Neider, du musst weg.

Doch so weit sollte es nicht kommen. Denke einfach daran: Nicht jeder, der so tut, ist auch wirklich dein Freund. Du solltest sehr aufmerksam sein. Nimm die Menschen in deiner Nähe ganz genau unter die Lupe. Dann kann auch niemand deine momentane Glückssträhne zum Versiegen bringen.

„Sei wachsam! Je wacher du bist, desto weniger entgeht dir.“

Das Lebenszeichen „Sherrifstern“ sagt dir:
Sei wachsam, denn: „Es ist was faul im Staate Dänemark“, wie Shakespeares Hamlet es so treffend sagt. Prüfe ganz genau, was gerade bei dir ansteht und wer momentan bei dir ist. Motiviere dich, deine Stärke zu entfalten, bitte die Sterne, dir zu helfen, und grenze dich ab.

„Auge“

Manchmal haben wir das Glück und erleben einen ganz wunderbaren Augenblick. Das kann eine sehr zärtliche Berührung sein, ein beeindruckendes Erlebnis, ein Moment der Faszination, ein Zauber.
Solch ein Augenblick ist zugleich sehr lang und ganz kurz. In ihm haben Raum und Zeit ihre Bedeutung verloren. Wenn du so ganz tief in deinem Inneren berührt wirst, tritt alles andere in den Hintergrund, und du bekommst eine Ahnung davon, wie wunderbar das Leben sein kann, welche Chancen womöglich noch auf dich warten.
In solch einem Moment bist du so präsent und aufmerksam, dass dir auch wirklich nichts entgeht. Finde derartige Augenblicke. Mach dich auf die Suche nach ihnen. Atme ihre Faszination ein.
Wenn Robbie Williams auf seiner „Live Summer Tour“ das Lied „Angels“ singt, um dich herum ein Meer leuchtender Wunderkerzen erstrahlt und alle mitsingen ... wenn du trainierst und kämpfst, am Ende den Pokal überreicht bekommst und alle Mühe mit einem Mal wie weggewischt ist ... wenn du mit Kindern spielst, ihnen Geschichten erzählst, in ihre Welt eintauchst und dann in die leuchtenden Augen schaust ... dann könnten diese Augenblicke unendlich sein, nicht wahr?

Das Lebenszeichen „Auge“ steht für den Augenblick.
Bemerke ihn. Achte auf deine Chancen. Lass dich faszinieren. Denn ganz wichtig im Leben ist die Aufmerksamkeit.
Worauf richtest du deine? Und denke immer daran – jeder Augenblick zählt.

„Augenblick“

In dem Augenblick,
in dem du von etwas überzeugt bist,
von diesem Augenblick an
wird dein Traum
Wirklichkeit werden.

P. Collier

Ich möchte nicht nur an einem
deiner Abenteuer teilnehmen,
ich möchte dein Abenteuer sein.

„Pferd“

„Abenteuer“

Abenteuerliche Unterfangen gibt es einige. Es ist ja schon ein Abenteuer, an einem gewöhnlichen Samstag eine Umkleidekabine bei H&M zu ergattern.
Warst du schon einmal Karaoke-Singen? Absolut genial, aber wichtig beim Singen ist ja bekanntlich die Stimme. Die sollte man schon haben, sonst kann es wirklich sehr peinlich werden. Das habe ich leider am eigenen Leib erfahren. „Marleen“ von Marianne Rosenberg wurde wohl noch nie so schief gesungen, wie von mir und meiner Freundin im Skiurlaub beim Après-Ski in einer Karaoke-Bar (selbstverständlich lag das nur am Titel ...). Aber wir waren mutig. Und die anderen hatten ihren Spaß – wenn auch auf unsere Kosten. Noch Tage später wurden wir im Lift fröhlich mit „Hey Marleen“ begrüßt.

Es gibt so vieles, was man tun kann: Mit dem Pferd durch den Grand Canyon reiten; abends dann alte Geschichten am Lagerfeuer erzählen und dem Heulen der Kojoten lauschen. Das wäre doch genial, oder? Da könnte man dann auch ungestört singen bis zum Sonnenuntergang. Fehlt nur noch „Robert R.“ an deiner Seite.
Den Herrn kannst du übrigens finden, wenn du bei Google in die Suchmaschine „Abenteuer“ eingibst. Da bekommst du dann die Adressen mehrerer Seitensprungagenturen. Da war ich dann doch etwas erstaunt. Dort kannst du sogar zwischen verschiedenen organisierten Alibis wählen, inklusive Warm-up-Treffen und Cool-down-Nachbehandlung. So etwas nennt man wohl einen Rundum-Service. Allerdings sollte man da wirklich ganz genau prüfen, ob es ein solches Abenteuer ist, was man sucht.

Suche kein vorgefertigtes Abenteuer, sondern gestalte deines selbst,
denn die wahren Abenteuer beginnen im Kopf.

Das Lebenszeichen „Pferd“ steht für Abenteuer.
Das kann eine spirituelle Reise sein, eine abenteuerliche Geschäftsidee, Fallschirmspringen oder Karaoke-Singen. Sei mutig und stürze dich einfach mal wieder ins Abenteuer, du kannst dabei nur gewinnen.

„Engel“

Unsere Welt ist voller Farben und voller Wunder und selbstverständlich auch voller Engel. Sie sind überall um uns herum, flatterhaft und lebendig. Wenn wir uns das Staunen bewahren, die Freude an der Schönheit einfacher Dinge, an der Natur, sind wir den Engeln um uns und in uns ganz nah.

Es ist Zeit, sich zu erinnern. Sei offen für die Hinweise, die dein Herz dir zeigt. Folge deinen Lebenszeichen. Dein Schutzengel wird bei dir sein, er hilft dir, deine Wünsche wahr werden zu lassen.
Je klarer du deinen eigenen Lebensweg erkennst und gehst, desto leichter kann dein Schutzengel dich begleiten. Also achte auf deine Engelsbotschaften, denn

Dein Schutzengel ist für dich da.

„Schutzengel“

Das Lebenszeichen „Engel“ steht für deinen Schutzengel. Ziehst du diese Karte, kann dir gar nichts mehr passieren, denn dein Schutzengel ist in deiner Nähe und sorgt für dich. Glaube daran, dass die Engelskräfte dich unterstützen.

„Engel in Sicht“

„Seelenverwandtschaft“

Jeden meiner Schritte kannst nur du allein verstehen. Glaub mir,
ich weiß gar nichts – hoffe nur, du bist bei mir.

Ich gehe meine Wege, geradeaus im Blätterwald,
lasse mich nicht führen. Du bist da, gibst mir Gestalt.

Ich vergess' die Zeit und schau' nach vorn. Das Leben steht voll hinter mir.
Ich bleib' mir treu, du gibst mir Sinn.
Mit dir kann ich sein, wie ich wirklich bin.

Ich habe feste Ziele, die ich deutlich sehen kann.
Mit dir zusammen fühlt es sich wie das richtige Leben an.

Ich will mich nicht anpassen, trete aus der Masse 'raus. Mit dir kann ich alles
schaffen, denn ich fühl' die Kraft, sie ist immer da.
Es ist so, wie es immer war.

Du gehst mit mir gleichen Schrittes, kannst in meine Seele blicken,
ich lass' es zu – du bist mir nah,
mit dir werden meine Träume wahr.

„Ich vergess' die Zeit.“

Das Lebenszeichen „Paar“ steht für Seelenverwandtschaft. Mach dich auf die Suche nach Seelenverwandten, denn mit ihnen an deiner Seite kannst du sein, wie du wirklich bist.

„Paar“

„Sonnenseite“

Out of the dark

Falco

Wie kommt der Sonnenschein zu dir? Was zaubert dir ein Lächeln ins Gesicht?
Dazu brauchst du keine wilden Pläne. Nur die Hoffnung darfst du nie aufgeben. Wenn du die Hoffnung aufgibst, gibst du dich selbst auf. Brennt aber das Licht der Hoffnung weiter in dir, so kannst du alles andere damit entzünden.
Es ist endlich Zeit, auf die Sonnenseite zu gehen. Da gehörst du hin. Wende dich der Sonne zu, dann fällt dein Schatten hinter dich.

Das Lebenszeichen „Sonnenseite" steht für Hoffnung. Es sagt dir: Für dich geht jetzt die Sonne auf. Es ist Zeit, aus dem Schatten zu treten und ins Licht einzutauchen. Man sieht nur die im Licht, die im Dunkeln sieht man nicht (wie Berthold Brecht es formulierte).

„Sunshine"

Fang dir den Sonnenschein ein.

1 Leinwand 30 x 30 cm
1 kleine Tube Abtönfarbe oder Acrylfarbe in Sonnengelb
(aus dem Baumarkt oder Bastelgeschäft)
1 mittelgroßer Pinsel
1 kleine Dose Haarspray
etwas Goldstaub oder Goldfarbe
(aus dem Bastelgeschäft)

So zauberst du dir dein Sonnenbild:
Kaufe dir eine kleine Leinwand auf Keilrahmen aufgezogen (gibt es schon in fast jedem Baumarkt), eine kleine Tube sonnengelbe Farbe, einen Pinsel und etwas Goldstaub oder Goldfarbe, und lege einfach los. Mit trockenem Pinsel (ganz wichtig, kein Wasser verwenden) trägst du die Farbe auf die Leinwand auf, lässt sie trocknen und legst danach noch eine zweite Schicht auf. Über die noch feuchte Farbe streust du dann einfach etwas Goldstaub. Wenn alles getrocknet ist, pustest du den Rest des Goldstaubes einfach ab und fixierst den Rest mit Haarspray. Dann suchst du dir einen schönen Platz in deiner Wohnung und hängst die Leinwand einfach ungerahmt mit einem Nagel an die Wand.
Jeden Morgen kannst du nun als Erstes auf dein Bild schauen – und schon geht für dich die Sonne auf!

„Wage den Sprung ins kalte Wasser."

„Wellen“

Es ist Zeit, dass dein Leben wieder in Fluss kommt.
Im Laufe des Jahres kann sich einiges aufstauen, und das ist ganz natürlich. Da gibt es immer wieder Entscheidungen zu treffen und Dinge zu überdenken. Situationen verlaufen für dich vielleicht nicht immer so, wie du es dir ausgemalt hast. Dein Leben ist in Ordnung, aber es bewegt sich nichts – Stillstand scheint angesagt. Alles dümpelt so dahin. Wo ist der reißende Strom geblieben? Wo die ungebremste Energie?
Du hast dein Ziel nach wie vor im Auge, aber dein Weg dorthin gestaltet sich mühsam. Es geht zu langsam voran für deinen Geschmack. Die Dinge gehen dir nicht mehr so einfach von der Hand. Du merkst gar nicht, wie viele Überlegungen dir im Kopf herumspuken. Versuche, dich nicht einengen zu lassen, und nimm dich nicht immer zurück. Sonst verlierst du den Blick für die Weite. Das wäre fatal, denn am Horizont findest du die Ziele und Pläne für deine Zukunft.

Jetzt wäre der ideale Zeitpunkt, ans Meer zu fahren – und wenn es nur für einen Tag ist. Schwimm dich frei, oder lass dir den Wind um die Nase wehen. Nutze die Natur. Setze dich ans Meer, und schau einfach nur aufs Wasser. Vielleicht entdeckst du mit der Aussicht auch deinen inneren Antrieb wieder.

Das Lebenszeichen „Wellen“ steht für das Wagnis. Stürze dich einfach mal wieder in die Fluten, lass dich von den Wellen mitreißen. Entdecke die Lust auf Neues. Der Sprung ins „kalte Wasser“ kann wahre Wunder wirken.

„Hund“

Ein richtiger Freund ist nicht unbedingt jemand, der alles über dich weiß. Vertrauen zueinander zu haben und an den anderen zu glauben, das macht eine Freundschaft aus.
Mit einem Freund an deiner Seite, der mit dir auf der gleichen Wellenlänge schwingt, kann kein Projekt zu schwierig und kein Weg zu lang für dich sein.

Freundschaft, das heißt, den anderen in seiner Eigenart zu tolerieren, ihn so zu nehmen, wie er ist, mit allen Stärken und Schwächen; auch einmal über Dinge hinwegsehen, aber auch die Möglichkeit haben, sich fest auf jemanden zu verlassen. Dazu gehört ebenfalls, selbst nach fehlerhaften Entscheidungen weiterhin zu ihm zu stehen und zu versuchen, ihn wieder auf den richtigen Weg zu bringen. Richtige Freunde machen manchmal sogar das Unmögliche möglich.
Einen wirklichen Freund muss man auch gehen lassen können. Versuche nicht, ihn festzuhalten, weil es dir damit besser geht. Denn große Entfernungen können wahre Freunde nicht auseinanderbringen.

„Manchmal weiß man wirkliche Freunde gar nicht richtig zu schätzen und manchmal doch sehr.“

Das Lebenszeichen „Hund“ macht dich auf einen treuen Freund aufmerksam. Vernachlässige ihn nicht, denn was nützen dir 1000 Bekannte, wenn du keinen wirklichen Freund hast. Ein guter Freund an deiner Seite steht immer zu dir und ist kostbarer als jeder Reichtum.

„Treuer Freund“

Der einzige Weg,
einen Freund zu haben,
ist, einer zu sein.

„Verletzlichkeit“

„Zackenrad“

Wie steht es mit unserer Verletzlichkeit? Können wir noch Gefühle zeigen?
Manchmal zwingt uns der Alltag, alles hinter dicken Mauern zu bewahren ... immer schön cool bleiben.
Da ist der Rettungsassistent, für den der schwerste Unfall nichts Ungewöhnliches mehr ist, der schon zu oft „es tut mir Leid“ gesagt hat, um noch daran zu glauben.
Hat er darum all sein Mitleid verloren? Oder kann er es sich einfach nicht mehr leisten mitGEFÜHL zu zeigen?
Oder die Topmanagerin, die in einer Männerdomäne versucht, an der Spitze zu bestehen. Ihr Privatleben wird selbstverständlich nicht publik gemacht – sofern sie überhaupt eines hat. Da gibt es nur den Job und die Verantwortung. Den Menschen dahinter bekommen nur die wenigsten zu sehen. Gefühle kann sie sich einfach nicht leisten.

Zeig der Welt, wer du wirklich bist. Nicht, dass du es irgendwann selbst nicht mehr weißt. Erinnere dich daran, oder lass dich daran erinnern. Gerade nicht gelebte Gefühle wollen sich ihren Platz in deinem Leben erkämpfen. Sie kommen immer wieder an die Oberfläche oder bringen dich immer wieder in Situationen, in denen du auf sie stoßen musst.
Wenn es darum geht, unser wahres Gesicht zu zeigen, sind wir doch alle Meister der Verstellung. Manchmal ist es aber für die Menschen an deiner Seite sehr wichtig, dass du ihnen nichts vorspielst. Sie möchten Gefühle sehen, keine Verstellung, echte Emotionen statt immer wieder Coolness. Sie wollen sehen, dass du nicht immer stark bist, sondern auch eine weiche, verletzliche Seite hast.

Das Lebenszeichen „Zackenrad“ steht für Verletzlichkeit. Versuche, deine Barrieren fallen zu lassen, und zeige wieder mehr von dir selbst. Auch wenn es viel Mut erfordert, spiel keinem etwas vor. Deine Verletzlichkeit wird auch deine Stärke sein.

„Kraft"

Jeder hat eine Lebensaufgabe;
finde deine.

„Ring“

Der Ring steht für Kraft, aber auch Mystik. Welche Kräfte wirken bei dir? Und welcher Vision folgst du? Willst du deinem inneren Ruf folgen, dann mach deine Werte sichtbar, stehe dafür ein. Tritt deine eigene Reise an. Suchst du den Heiligen Gral, oder ziehst du aus, um das Fürchten zu lernen?
Wenn du dich auf den Weg machst, um deine Ziele zu erreichen und deine Sehnsüchte zu erfüllen, kann es dir ähnlich ergehen wie den Helden vergangener Zeiten. Du musst an deine Grenzen gehen und noch darüber hinaus ... musst kämpfen und dich auch in harten Zeiten immer wieder selbst motivieren ... musst Rückschläge in Kauf nehmen und darfst dabei dein Ziel nicht aus den Augen verlieren. Mobilisiere all deine Kräfte, um deinen Visionen Gestalt zu geben.

Sei egoistisch, erfülle dein Leben mit dem, was dich glücklich macht. Denn es ist dein Leben, und es kann nur von dir gelebt werden. Sei ehrlich bei deinen Wünschen, dann lohnt sich auch die Mühe, dafür zu kämpfen. Erkenne deine Lebensaufgabe, und folge ihr, dann kommst du ganz leicht voran.

Das Lebenszeichen „Ring“ steht für Kraft. Verliere nicht deine Power. Finde zurück zu deinen persönlichen Stärken, denn du musst jetzt all deine Kraft einsetzen, um deine eigenen Ziele zu verfolgen. Das Wichtigste momentan bist du selbst.

„Love is in the air“

„Flügelherz“

Was beflügelt dein Herz? Alles was du liebst!
Abende vor dem Kamin · Milchkaffee mit extra viel Schaum · Erdbeerkuchen mit Sahne · barfuß durch den Sand laufen · im Whirlpool liegen und die Blasen zählen · Cabrio fahren · die Lieblingsschuhe zum Schnäppchenpreis ergattern · über eine Wiese galoppieren · der Morgen bevor es in den Urlaub geht · der erste Abend nach dem Urlaub zu Hause und erst mal Currywurst und Pommes essen · in den Wellen baden · mit den Mädels um die Häuser ziehen · Welpen beim Spielen beobachten · einmal beim Preisausschreiben gewinnen · italienisches Eis essen · Weihnachten im Schnee · Männerabende · einen lang vergessenen guten Freund wieder treffen · Kirschen vom Baum naschen · verwöhnt zu werden · wenn es nach Frühling riecht · nach einem langen Winterspaziergang heißen Kakao trinken · die Sonne auf der Haut · einen Liebesfilm gucken und so richtig schön weinen · Hitzefrei · endlich wieder in die alte Jeans passen · die Küstenstraße entlangfahren · so tun, als ob wir 19 wären · sich verkleiden · Spaghetti essen · Schützenfest · Seifenblasen · ein Kuss auf die Stirn · auf dem Flohmarkt eine Antiquität ergattern · der Duft von frischem Heu · Champagner mit Erdbeeren · mit einem guten Buch auf dem Sofa liegen, wenn es draußen regnet · Sommerferien · Lagerfeuer · Wackelpudding · mystische Geschichten ...

Das Lebenszeichen „Flügelherz“ fragt dich: Was beflügelt dein Herz? Lass dich vom Leben verzaubern. Fang an, mit dem Herzen zu sehen, und gib deinem Alltag einen Sinn. Damit du die Leichtigkeit des Seins erleben kannst.

„Fossil“

Fossilien sind die Spuren vergangenen Lebens.
Wo liegen unsere Wurzeln? Diese Frage sollten wir uns immer einmal wieder stellen.
Oft haben wir den Zugang zu unseren eigenen Wurzeln verschüttet.
Wir denken gar nicht darüber nach und wundern uns dann, dass wir den Weg zu unserem wahren Selbst nicht mehr finden. Traditionen werden nicht beachtet, schlechte Angewohnheiten lassen den Lebensfluss ins Stocken geraten. Wir leiden unter Blockaden und Ängsten, kommen nicht mehr richtig voran und verlieren den Blick für das Wesentliche. Häufig sind wir erfüllt von Sehnsucht, doch wissen nicht, wonach wir uns sehnen.
Eine Reise zurück in die Vergangenheit, eine Spurensuche entlang der Wurzeln kann sehr hilfreich sein, um sich selbst wieder näher zu kommen. Auch die Entdeckung der Spiritualität kann uns in unsere Mitte führen. Besinne dich wieder einmal auf alte Traditionen. Suche deine Fährte in der Zeit. Betreibe ein bisschen Ahnenforschung, tauche ein in deine Geschichte, und nutze das Wissen deiner Ahnen.

Für jenen, der die Evolution verstanden hat, ist die Welt stets so jung und frisch wie zum Zeitpunkt ihrer Entstehung.

Thomas Henry Huxley

Das Lebenszeichen „Fossil“ steht für die Spuren der Zeit.
Wo liegen deine Wurzeln? Verliere nicht den Zugang zu dir selbst.
Tritt lieber mal einen Schritt zurück. Entdecke und nutze das Wissen der alten Weisen.

„Fossilien sind die Spuren
vergangenen Lebens.“

„Tu erst das
Notwendige,
dann das Mögliche,
und das Unmögliche
wird möglich.“

Franz von Assisi

„Quadrat“

Was gibt dir Stabilität? Alles, was gut für dich ist: positive Gefühle, Liebe, Vertrauen, Sicherheit, Erfolg, Freunde.
Sind wir nicht unser ganzes Leben dabei, positive Gefühle zu suchen, zu vermehren und zu halten – ja, das Glück einzufangen?

Es geht doch darum, aus vollem Herzen zu leben!
Das ist gut so und völlig legitim. Du hast das Recht darauf, jeden Tag voller Gelassenheit und im Vertrauen auf Stabilität deinen Weg zu gehen – im Einklang mir dir, der Natur und deinen Mitmenschen.
Höre auf deine Wünsche, und vertraue ganz fest darauf, dass das Gewünschte unterwegs zu dir ist.
Bleibe beständig bei der Gestaltung deiner Visionen.
Tue Dinge, die dir Zufriedenheit bringen, und lass dich nicht von deinen Zielen abbringen.
Wenn du einen bestimmten Job suchst, dann sieh dich in Gedanken, wie du diese neue Tätigkeit ausführst. Male dir alles ganz genau aus, denn du nährst das, was deine Aufmerksamkeit erhält.
Sei es dir wert, deine Stärken auszuschöpfen.

Das Lebenszeichen „Quadrat“ steht für Stabilität.
Es ist ein positives Zeichen und verkörpert vollkommene Ausgewogenheit. Wie stabil ist dein Leben? Versuche keinen Seiltanz, sondern finde dein natürliches Gleichgewicht. Bleibe auf dem Boden der Tatsachen, und schöpfe dort deine eigenen Stärken aus.

„Die Welt ist deine Bühne."

„Tanz“

Mal ehrlich, wer möchte nicht einmal in einem super schicken und dazu noch sündhaft teuren Designerkleid über den roten Teppich zur Oscar-Verleihung schreiten?
... oder mit einer goldenen Kreditkarte in Beverly Hills shoppen? ... einmal im roten Ferrari durch Saint-Tropez düsen oder in New York im teuersten Hotel absteigen? ... als 007 die Welt retten oder als Bond-Girl „James“ um den Finger wickeln?

Ach ja, das wär schön, wenn sich alles nur um dich drehte – als Prinz oder Prinzessin für einen Tag, als König/in von Deutschland ... Toll könnte es auch sein, einen Schatz auszugraben und in die Geschichte einzugehen. Auf der Bühne stehen und bewundert werden, wäre auch nicht schlecht, ebenso wenig der 6er im Lotto. Und wie wäre es damit, eine Erfindung zu machen, die der Welt den Atem raubt?
All das sind wunderbare Träume, die etwas scheinbar Unerreichbares, den „Traum vom Fliegen“ verkörpern – sie sind wie ein Kontakt zu anderen Welten.

Es sind gerade diese Hirngespinste, die uns schließlich weiterkommen lassen, als wir je gedacht haben. Im Leben kann man alles erreichen – beispielsweise mit einem Buch über einen jungen Zauberer zu einer der reichsten Frauen Englands werden. Also lass deinen Blick immer ein Stück voraus schweifen, dann geht dein Fantasiepferd, wohin du willst. Schaust du direkt auf den Boden, kannst du dich nur schwer von der Stelle bewegen. Visionen sind immer in die Zukunft gerichtet.

Vertraue deiner inneren Stimme. Sei du selbst, denn Selbstvertrauen ist der Schlüssel zu deinem Erfolg.

Das Lebenszeichen „Tanz“ steht für Selbstvertrauen.
Zeig dich offen, und sei selbstbewusst, denn die Welt ist deine Bühne. Lebe den Star in dir. Du kannst ruhig deine Fantasie ein bisschen spielen lassen. Öffne dein Herz, und die Welt liegt dir zu Füßen.

„Blüte“

Mir ist es schon oft passiert, dass ich durch den Wald geritten bin, und ganz plötzlich, ohne erdenklichen Grund, habe ich eine Gänsehaut bekommen oder ein Kälteschauer überlief mich. Danach war ich immer wie wachgerüttelt und habe meine Umgebung ganz bewusst erlebt. Es ist so, als ob die Naturkräfte mich plötzlich ansprächen, um mir zu sagen: „Hey, schau dich doch mal wieder um, und nimm uns wahr!“ – auch das winzig kleine Blümchen am Wegesrand.

Entdecke den Zauber der Natur neu für dich. Verweile, und besinne dich. Erinnere dich, wie du als Kind im Spiel mit der Natur ganz verbunden warst. War der Wald nicht früher mehr für dich als nur eine Ansammlung von verschiedenen Bäumen? Gab es nicht versteckte Lieblingsplätze, die dich immer wieder magisch angezogen haben, an denen du neue Kraft schöpftest? Weißt du noch, wie gern du früher auf Bäume geklettert bist? Intuitiv hast du die Kraft der Bäume genutzt.

Schwelge in der Schönheit einer Blumenwiese – wenn der Mohn blüht und sich ein ganzes Feld in leuchtendes Rot kleidet. Erfreue dich an einem vierblättrigen Kleeblatt. Lausche einfach wieder einmal der Natur: dem leisen Flüstern raschelnder Blätter oder den geheimnisvollen Klängen, die entstehen, wenn sich ein ganzes Kornfeld im Wind wiegt. Besinne dich, und lass dich von den kleinen Naturbewohnern verzaubern. Versuche, die Energie der Mutter Erde aufzunehmen.

Ich habe einmal eine Weide gesehen, die durch einen leichten Nebelschleier wie verzaubert wirkte – gerade so, als wenn sie von vielen kleinen Feen bewohnt würde. Wunderschön. Wahrscheinlich war dort sogar einen kleines Feenreich.

„Höre auf die Botschaft raschelnder Blätter.“

Das Lebenszeichen „Blüte“ steht für die Schönheit der Natur.
Die Begegnung mit den Elementen kann dir so viel geben. Spaziere mal wieder durch Wald und Wiesen, und entdecke den Zauber der Natur. Nutze die Energie der Pflanzen, sie haben eine große Heilkraft.

„Der Duft der Blume ist das Lächeln der Pflanze."

„Am Puls der Zeit“

„Rhythmus“

Trends erkennen – aber nicht den eigenen Rhythmus verlassen.
Wichtig für deinen Erfolg oder auch für deine Weiterentwicklung ist, dass du auf deine Umwelt achtest. Beobachte die Strömungen. Die Modewelt und die Kunst haben meistens den Finger am Puls der Zeit, ja sind ihr sogar oft ein Stück voraus. Orientiere dich an innovativen Entwicklungen.

Wirf deinen Blick auf die Welt, und lass dich inspirieren. Nimm dir zwischendurch Zeit für eine Ausstellung. Besuche das Theater. Es geht nicht darum, jeden Abend die Nachrichten zu schauen, um dann alle Ereignisse wiedergeben zu können. Lausche der Welt, versuche zu erspüren, in welche Richtung es geht. Welche Wünsche haben die Menschen, wonach steht ihnen der Sinn? Welche Strömungen entwickeln sich? Willst du momentan nur berieselt werden, oder versuchst du, etwas zu ändern? Versinke nicht im „Früher war alles besser“, sondern beginne, dein Morgen optimal zu gestalten.

Wenn du im Augenblick auf der Stelle trittst, kann es für dich sehr von Vorteil sein, etwas im Außen zu tun. Verlass deine Stadt. Fahre ein Wochenende weg. Buche dir ein Hotelzimmer in einer Großstadt (es gibt immer Angebote), und nimm einfach die Lebendigkeit dort auf. London, Berlin, Paris – welche Stadt verzaubert dich? Fang dir neue Ideen ein.

„Folge deinem eigenen Rhythmus.“

Das Lebenszeichen „Rhythmus“ sagt dir:
Bleib am Puls der Zeit. Beobachte die Trends, lebe nicht nur in deiner eigenen Welt, schaue auch nach außen, was sich da bewegt. Denn Bewegung ist Leben und Entwicklung. Dann bleibst du flexibel und jung – im Herzen.

„Blind Date“

„Weiblich, ledig, blond sucht“ oder „Schlaflos in Seattle“?
Ein Blind Date über eine Kontaktanzeige zu arrangieren kann eine sehr amüsante und aufregende Sache sein. Bekanntschaftsanzeigen schalten ja angeblich immer nur „die anderen“. Das ist genauso wie bei McDonalds, keiner geht hin, aber die Restaurants sind immer brechend voll. Schon seltsam.

Ich habe während meines Studiums (natürlich nur aus Recherchezwecken) eine Kontaktanzeige geschaltet, da ich über diese Art der Kommunikation eine Fachprüfung schreiben wollte. Das war schon lustig, jedenfalls im Vorfeld. Meine Wohnung war zu der Zeit stark frequentiert – so viele Überraschungsbesuche von Freundinnen hatte ich selten zuvor. Alle kamen „ganz zufällig“ vorbei und wollten, wo sie schon einmal da waren, unbedingt die Briefe lesen und natürlich Fotos sehen.
Der Vorteil einer Kontaktanzeige ist, man hat die Möglichkeit, etwas über einen fremden Menschen zu erfahren, kann aber dennoch anonym bleiben. Das kann man so lange tun, bis man sich wirklich sicher ist, ob man ein Treffen arrangieren will. Aus meiner Erfahrung kann ich nur sagen: Leg die Latte deiner Erwartungen nicht so hoch, denn so mancher Wortzauberer hat im persönlichen Gespräch plötzlich nichts mehr zu sagen.

Doch es könnte sich vielleicht wirklich lohnen. Möglicherweisse bekommst du ja unerwartet Post von deinem Traumpartner. Möglich ist bekanntlich alles, und einen Versuch ist es auf jeden Fall wert. Und solltest du kalte Füße bekommen, brauchst du es gar nicht erst zu einem Treffen kommen zu lassen. Schau doch einfach mal, wer in deiner Stadt noch so zu haben ist. Hol dir ein wenig Nervenkitzel ins Haus. Lass dich überraschen.

„Liebesleben? Nervenkitzel!“

Das Lebenszeichen „Blind Date“ fordert dich auf, dich deinem Liebesleben zu widmen. Wage einfach mal etwas Neues. Fang an zu flirten. Oder zeige deiner Liebe eine ganz neue Seite an dir. Kleine Veränderungen können manchmal sehr viel bewirken.

„Blind Date“

Einen Frosch küssen und einen Prinzen bekommen

„Igelsonne“
Vertraue dir ...

„Vertrauen"

Habe Vertrauen, oder finde es wieder. Jemandem vertrauen zu können ist für unser Gleichgewicht von ganz großer Bedeutung. Es gilt, einem guten Leitwolf zu folgen und nicht auf der Strecke zu bleiben.

Manchmal ist es sinnvoll, auch Irrwegen Beachtung zu schenken. Verfolge nicht immer nur starr deinen rationalen Weg, sonst verlierst du dein Gespür für deine Sehnsüchte. Vielleicht hast du Angst vor Enttäuschungen, willst kein Wagnis mehr eingehen oder versuchst, dich zu schützen. Igle dich nicht zu sehr ein. Wenn du dich geborgen fühlst, dann kann auch dein Vertrauen wieder wachsen, das Vertrauen in dich und die Welt. Kein Schein, kein Geld, kein Spiel und kein Meister der Verstellung kann dir das zuteilwerden lassen, was du empfindest, wenn du im Gefühl der Geborgenheit dein Leben lebst, wenn du deine Schwierigkeiten mit Leichtigkeit überwindest. Das Schöne ist: Vertrauen zu haben lässt sich wieder neu erlernen. Das geht in ganz vielen Varianten.
Auch nach Enttäuschungen kannst du immer wieder neue Verbindungen eingehen und Menschen begegnen, die dir zeigen, dass du Vertrauen haben darfst.
Lass dich darauf ein.

Der scheinbar schlichte Spruch, den ich in einem Glückskeks gefunden habe, hat mich doch erstaunt. Er lautet:

„Um vertrauen zu können,
brauchst du nur dich selbst."

Das Lebenszeichen „Igelsonne" steht für Vertrauen: Mach dich auf die Suche, und finde dein Vertrauen wieder. Du wirst ganz neue Verbindungen eingehen und Menschen begegnen, denen du vertrauen kannst.

„Hast du deine Lebenszeichen entdeckt?“

Ich hoffe, ich konnte dich auf eine Reise schicken, auf der du erfahren hast, wo deine persönlichen Lebensaufgaben liegen. Womöglich wurden ja alte Träume von dir wieder lebendig, und du bist über dich selbst ins Staunen geraten. Vielleicht hast du zu den Sternen aufgeschaut und die Natur wiederentdeckt – bist aufmerksamer geworden und hast den Augenblick genossen.